AF250907

CANONNIERS

A VOS PIÈCES!

PARIS

IMPRIMERIE DE L. TINTERLIN ET Cⁱᵉ

Rue Neuve-des-Bons-Enfants, 3.

CANONNIERS

A VOS PIÈCES!

PAR

ALFRED ASSOLLANT

PARIS

E. DENTU, LIBRAIRE-ÉDITEUR

GALERIE D'ORLÉANS, 13 ET 17, PALAIS-ROYAL

1861

CANONNIERS

A VOS PIÈCES!

C'en est fait. Le nuage a crevé, et les Américains sont près d'en venir aux mains avec les Anglais.

Comme notre belle France est pleine de graves étourdis et de politiques profonds qui aiment à mettre la main dans les affaires d'autrui, sous prétexte de planter le drapeau tricolore sur tous les continents et d'élever jusqu'aux astres la gloire du nom français, je veux te mettre en garde, bon peuple de France, contre ces sages conseillers, contre ces faiseurs de phrases, *blagueurs* de toute espèce et pêcheurs en eau trouble. Comme tu as les reins vigoureux et le poignet solide, comme tu n'es pas chiche de ton sang ni de ton argent, comme tu as cinq cent mille hommes sous les armes et une belle flotte en mer, les deux partis tiennent à ton amitié et te flatteront pour t'engager dans leur querelle. Laisse-les venir à toi et te faire politesse ; et toi, sans fuir ni chercher la bataille, ne dégaîne qu'à bon escient, *pro aris et focis*, c'est-à-dire pour ton droit, ta maison, ta femme et tes enfants. La destinée du monde est au bout de ton sabre.

Tu sais d'où vient la querelle. John Bull, l'Anglais, et Jonathan, l'Américain, sont deux vigoureux garçons qui tiennent de leur commune origine une passion effrénée pour le bien d'autrui. Leurs doigts crochus s'étendent sur le globe, cherchant partout quelque île, comté ou continent, à saisir et à fourrer dans leurs vastes poches. Au besoin ils se contentent d'un simple rocher, pourvu qu'il soit bien situé, comme Gibraltar ou Périm. John Bull, venu le premier à la curée, s'est fait la meilleure part, et, en partie à tes dépens, bon peuple de France, pendant que tu bayais aux corneilles, selon ton habitude, en regardant voler les mouches, et que ton roi Louis XV, le bien-aimé, vrai Bourbon, parfait gentilhomme, soupait à Versailles avec des duchesses. Il t'en coûta l'Inde et le Canada, deux mondes, et la Louisiane, un troisième qui valait à lui seul les deux autres. Du reste, tu fis sur tes généraux vaincus des chansons excellentes et dont l'Europe s'amusa beaucoup. L'un d'eux même fut pendu pour l'exemple ; car ton rire, peuple aimable et joyeux, ressemble parfois à un grincement de dents.

John Bull aujourd'hui se promène triomphant et drapé dans un manteau magnifique, dont les plus belles pièces, Québec, Montréal, le Bengale, l'Ilede France lui viennent de ta garde-robe. Le reste est espagnol, hollandais ou portugais. Il est riche, il est grand seigneur, il lève haut la tête, il a fait fortune, il a partout des comptoirs, des fermes et des forteresses; il n'a plus rien à gagner aux batailles ; toute son ambition est de garder ce qu'il a conquis; il est devenu philanthrope et quaker, il tient la Bible d'une main, dans l'autre est l'aune qui sert à mesurer le calicot; sa bouche est pleine de paroles onctueuses : la liberté, la paix, le libre-échange. A l'entendre, on le prendrait pour un apôtre ; à le voir, pour un bonnetier de la rue Saint-Denis; mais qu'on l'empêche de débiter son opium et son indigo, et tu verras bientôt l'ami John Bull quitter son air paterne et ses homélies, fusiller les récalcitrants, attacher les cipayes à la bouche des canons, piller les villes sans défense, brûler ce qu'il n'emporte pas et massacrer de sang-froid ceux qu'il craint. Car il a ce bonheur, l'ami John, que tous ceux qui lui font obstacle sont maudits jusqu'à la septième génération et livrés entre ses mains comme Agag et les Amalécites le furent en celles de Samuel. Et Dieu sait s'il est homme à faire grâce à ceux qu'il peut pendre. Quant aux autres, pour peu qu'on lui montre les dents, il sait fort bien avaler l'affront et le digérer en silence ; — terrible au roi Othon, mais doux et poli pour le czar.

Voilà le portrait de John, point flatté, mais fidèle, et tel que le fera sans doute l'équitable postérité.

Jonathan, son frère, est d'une autre humeur. C'est un large et long gaillard qui ne prend pas la peine d'imiter la pose et le parler des quakers; son habit est boutonné jusqu'au menton; il a le sourcil froncé, les yeux étincelants; dans sa poche est un revolver, une chique est derrière sa joue et un cigare entre ses dents; il tient à la main un canif et il taille un morceau de bois; il interroge et il calcule; il crache et il calcule; il mange et il calcule; il récite des psaumes et il calcule; il aime, il chante, il dort et il calcule; il se ruine, il s'enrichit, il travaille, il fait le tour du monde et il calcule; il n'est avare ni de ses dollars ni de sa peau; c'est un John au poli rebroussé, avec l'hypocrisie de moins. Aussi n'a-t-il pas étudié aux Universités d'Oxford et de Cambridge, et n'a-t-il aucun souci des belles manières des lords et des gentlemen.

Tel qu'il est, je l'aime, ce long Jonathan, avec ses pattes de héron, son cou plus long que celui des cigognes, et ses yeux de tigre effarouché. Il ne ment pas, lui. Il n'allègue pas à tout moment la liberté, la justice, le droit des gens et toute sorte de choses respectables. Quand il veut le bien d'autrui, il met la main dessus sans cérémonie, et tire son bowie-knife; on sait du moins à quoi s'en tenir. Le Texas lui faisait envie, il a pris le Texas. Les Mexicains ont voulu l'arrêter : il a battu trois fois les Mexicains, il est entré dans Mexico même et leur à pris la Californie. Quand il aborda pour la première fois au Massachusetts, c'était un pauvre diable aux habits percés, à la mine puritaine, qui passait la moitié de son temps dans les temples et l'autre dans les forêts, abattant les vieux chênes et construisant à grand'peine sa cabane en planches mal jointes où filtrait l'eau du ciel : aujourd'hui, c'est un parvenu plein d'audace; il a marché en avant, suivant sa devise, il a brûlé la forêt, il a construit des villes, il a escaladé les monts Alleghanies, il a vu de loin le vert Kentucky et le fertile Ohio; il a traversé le désert et il est entré dans la Terre promise, dans le Canaan si désiré; il a descendu le long des grands fleuves, du Mississipi aux rives couvertes de cyprès; il a parcouru ce continent, il l'a conquis sur les sauvages, et il l'a défriché; il en est devenu le propriétaire légitime par la charrue et par l'épée, *ense et aratro*, comme disaient les avocats de Rome; et bien hardi serait qui lui cherchera querelle.

Mauvais coucheurs, et se haïssant d'une haine vraiment fraternelle, la pire de toutes (car ils sont frères, comme tu sais), John et Jonathan ne devaient par tarder à se prendre aux cheveux. Mais, comme dit l'autre :

> Corsaires contre corsaires
> Ne font pas leurs affaires.

Au commencement, John, qui est l'aîné, prenait

des airs de supériorité; il visitait les vaisseaux de
Jonathan, il confisquait ses marchandises, il lui
enlevait ses matelots, sous prétexte que ces pauvres
diables parlaient anglais; Jonathan, jeune encore et
sans barbe au menton, fraîchement émancipé, habi-
tué d'ailleurs à respecter John, qui avait été son tu-
teur, se laissa malmener longtemps; mais enfin la
barbe lui vint et la patience lui échappa. Il profita
d'un moment où John avait le dos tourné et boxait
comme un brave avec Napoléon, pour donner un
croc-en-jambe à John; et, ma foi, le croc-en-jambe
aurait pu devenir mortel si le grand Napoléon, en-
foncé vers ce temps-là dans les neiges de la Russie,
avait eu le loisir de venir au secours de Jonathan;
mais l'Europe entière, se jetant à la suite des Rus-
ses sur le terrible empereur, sauva John du plus
grand danger qu'il eût jamais couru.

Depuis ce temps, John est devenu plus poli. Il a
traité son cadet avec considération, car John n'es-
time que ceux qu'il craint. Aux autres il écraserait
volontiers la figure sous le talon de sa botte. *La rai-
son du plus fort est toujours la meilleure;* c'est la
maxime de John. Depuis quarante ans il a eu vingt
fois l'occasion de prendre Jonathan aux cheveux;
mais Jonathan n'est pas homme à se laisser faire.
Jonathan est robuste, Jonathan boxe à merveille;
Jonathan a perdu le respect, et il aurait plus tôt fait de
donner un coup de poing dans la figure de son aîné

que d'échanger avec lui des arguments diplomati-
ques. Il faut compter aujourd'hui avec Jonathan,
autrefois si dédaigné, et c'est le juste châtiment de
John. Quels affronts John n'a-t-il pas subis et dévo-
rés sans rien dire, et sur les frontières du Canada,
où Jonathan excitait ouvertement les Canadiens à la
révolte et leur donnait des armes, et à Grey-Town,
quand l'Américain Hollins brûla les marchandises
anglaises en pleine paix, et au Nicaragua, quand
Walker essaya d'annexer l'Amérique centrale aux
États-Unis. Partout John a trouvé Jonathan sur son
chemin : mais John a passé sans souffler mot. John a
vieilli et engraissé ; sa barbe grisonne, son armure
lui pèse, ses anciennes blessures ne sont pas encore
fermées, son grand sabre est devenu trop lourd pour
son bras affaibli, la moindre fatigue l'essouffle, la
moindre querelle le fait réfléchir ; au lieu de mordre,
il aboie ; au lieu de sauter à la gorge de Jonathan et
de l'étrangler, il grogne et se tapit dans un coin ;
John se laisse insulter, John faiblit, John consulte
ses voisins et prend un avocat. Ah ! ce n'est plus le
John que nous avons connu ! Maudite vieillesse !
maudit coton !

Car ce n'est pas seulement la peur de Jonathan
qui fait reculer John. Tout vieux qu'il est, John a
de l'honneur, et retrousserait encore ses manches au
besoin ; mais, hélas ! il s'agit de bien autre chose.
John est devenu l'esclave du roi Coton, un dur maî-

tre, celui-là, qui a fait la fortune de John et qui le lui fait chèrement expier. John est riche, mais à la condition de travailler beaucoup. John a une nombreuse famille et qui s'accroît tous les jours. Les ateliers de Manchester et de Liverpool valent des milliards; il fabrique des chemises pour la moitié de l'espèce humaine; mais il n'a pas eu la précaution de planter des cotonniers dans ses terres; or sans coton, pas de chemises; sans chemises, pas d'argent; sans argent, pas de beefsteack; sans beefsteack, pas de John. Voilà ce qui assouplit son humeur intraitable. Du

Ah! c'est maintenant qu'il regrette de n'avoir pas planté des cotonniers dans l'Inde; mais John craignait les cipayes, John regardait le Bengale comme une ferme qu'on exploite et dont on reçoit la rente sans se donner aucune peine; quoiqu'il n'eût ni labouré ni semé il voulait engranger la récolte; il laissait les palais tomber en ruines, les villes se dépeupler, les jungles envahir les terres cultivées, les fleuves rompre leurs digues, les routes se creuser d'ornières, — content d'empocher tous les ans le même nombre de millions. John craignait pour Manchester la concurrence des manufactures de Bénarès et de Bombay. Aujourd'hui le mal est fait, et John essaie en vain de le réparer. Il a dégoûté les Indous du travail, il les a ruinés par ses monopoles; pour éviter la concurrence de ses propres sujets, il a pré féré subir la loi de Jonathan ; et depuis quarante ans, Jonathan, seul propriétaire de tous les cotonniers de l'univers, s'est vu maître d'affamer l'imprévoyant John. Tant il est vrai qu'un crime est toujours une sottise !

Voilà ce qui retenait le bras de John depuis quarante ans, et ce qui l'aurait retenu sans doute jusqu'à la consommation des siècles, si Jonathan avait eu l'esprit de garder le magasin de coton dont il était propriétaire. Mais Jonathan s'est divisé en lui-même, comme dit l'Écriture, la discorde est entrée dans ses conseils ; les anciens et les chefs des peuples se sont défiés au combat ; son bras gauche a voulu se séparer de son bras droit, et le terrible Jonathan, jusqu'ici considéré ou redouté de tous, est exposé à payer en un seul jour toutes ses dettes à John.

Mauvaise affaire !

Mais regarde, bon peuple de France, la bonne foi de l'Anglais John. Tant que Jonathan vivait en paix, fouettant ses nègres, vendant son coton, achetant du calicot et faisant de grandes affaires avec John, mon dit John, dans ses meetings, dans ses banquets, dans son parlement, tout en protestant du désir de bien vivre avec son cousin, ne manquait guère, parmi ses plus beaux discours, de glisser quelque pieuse parole sur l'impénitence finale de Jonathan, qui retenait en esclavage et faisait travailler jusqu'à la mort quatre millions de nègres, tandis.

que lui, John, pur de toute souillure, élevait vers le ciel ses mains et priait l'Éternel de ne pas le confondre dans sa rigueur avec ce publicain, ce vil Samaritain, ce Philistin qui habite la rive américaine de l'Atlantique.

Aujourd'hui Jonathan, poussé par les sociétés bibliques du Connecticut et du Massachusetts, par les remords de sa conscience, et encore plus par une nécessité providentielle, va suivre l'exemple de John, rendre la liberté aux nègres, sacrifier peut-être ses cotonniers, qui sont la meilleure partie de sa richesse, et courir risque de la vie pour faire son devoir envers Dieu et les hommes. On croirait que John applaudit et bat des mains ?

Point du tout. John commence par se croiser les bras, et dit d'un air dédaigneux : « Mon frère Jonathan parle d'émanciper ses esclaves, mais il ment ; il ne veut que maintenir le tarif des douanes qui fait hausser son calicot. Ce n'est pas de justice et de vérité qu'il s'agit, mais de boutique ; et ma boutique vaut la sienne. Si les gens du Sud veulent abolir le tarif et avoir mon calicot à bon marché, pourquoi ne le feraient-ils pas ? Et si ceux du Nord veulent les en empêcher et maintenir l'union, pourquoi n'aiderais-je pas les gentlemen du Sud, quoiqu'ils soient propriétaires d'esclaves et qu'ils fouettent soir et matin les petits-fils de Cham ? Certes, je plains les malheureux qu'on fouette ; mais j'ai besoin de coton, et mon intérêt, on le sait bien, doit passer avant tout. Entre nous, Jonathan est un garçon mal élevé, à qui je suis bien aise de donner une vigoureuse leçon pendant qu'il a d'autre saffaires sur les bras. L'occasion est favorable. La guerre civile lui ôte toute sa force ; je vais bravement lui planter mon poignard dans le dos. »

Voilà pourquoi John a fait tant de bruit de l'affaire du *Trent*. A parler sincèrement, ce n'est pas une belle action que d'enlever un ennemi sur un vaisseau neutre, dont le pavillon devrait être aussi inviolable que le territoire même des peuples neutres ; mais John est le seul qui n'ait pas le droit de se plaindre ; car, en tout temps, il a refusé de respecter le pavillon des neutres, et il subit aujourd'hui la loi qu'il a faite. *Patere legem quam ipse fecisti*, pourrait lui dire Jonathan.

La vraie cause de la colère de John n'est pas là. Il trouve les États-Unis trop forts de moitié et veut les couper en deux confédérations, dont l'une, celle du Sud, n'aura de force et de vie que par le commerce anglais. Un peuple de douze millions d'âmes qui aurait pour limites : au Nord, l'Ohio et les grandes prairies de l'Ouest jusqu'aux Montagnes Rocheuses ; à l'Est, l'océan Atlantique ; au Sud, la mer des Antilles ; à l'Ouest, le Mexique convient admirablement à John.

Ce serait un marché ouvert exclusivement à ses manufactures comme le Portugal. Grâce aux avances de fonds qu'il peut faire, John deviendrait le créancier de tous les planteurs, achèterait les récoltes sur pied, les revendrait avec grand bénéfice aux Américains du Nord, aux Français, aux Belges et aux Allemands, couvrirait de ses bateaux à vapeur le Mississipi, l'Arkansas et tous les affluents du grand fleuve, dessècherait les marais, comblerait les fondrières, construirait des digues, pousserait ses pionniers jusqu'au Texas, envahirait par terre le Mexique, se répandrait dans l'Amérique centrale, percerait le grand isthme à travers le Nicaragua, verserait l'un dans l'autre les deux océans et attaquerait l'Amérique du Sud par le Nord. Cette nouvelle conquête serait plus solide que la première ; car si les colons de l'Amérique du Nord ont pu, au siècle dernier, échapper au joug de l'Angleterre, c'est surtout parce qu'ils n'étaient pas ses débiteurs. Aujourd'hui le boulet n'est rien ; peu de chose est la baïonnette ; mais le dollar, le précieux dollar est Dieu, et tout le monde s'incline devant sa face vénérée.

John a peu de chose à gagner avec le Nord. A Boston et à Liverpool on fabrique à peu près les mêmes objets et de la même manière. Le prix seul est différent ; encore cette différence, grâce aux tarifs des douanes, n'est-elle pas très-sensible. Porter de Liverpool du calicot à Boston, c'est porter de

l'eau à la rivière. La Pensylvanie a des mines de
fer et de charbon comme le Lancashire et le comté
de Cardiff, des moutons comme le comté de Lincoln,
des prairies aussi vertes que l'Angleterre tout entière, qui n'est, aux yeux du voyageur, qu'une immense prairie. Les produits, les besoins, les habitudes sont les mêmes, la religion est la même; la
race est la même; à la même heure on boit du thé
et l'on psalmodie des cantiques à Londres et à Philadelphie; on lit les mêmes historiens et presque les
mêmes journaux; les romans eux-mêmes sont aussi
ennuyeux en Amérique qu'en Angleterre; les mêmes demoiselles, tourmentées de la même piété aigre
et intolérante, font les mêmes sermons aux mêmes
amoureux raides, hauts sur cravates, boutonnés et
tristes. Deux peuples aussi semblables et aussi avi-
des du bien d'autrui doivent s'adorer ou s'exécrer.
Or, ils ne s'adorent pas.

D'un autre côté, si l'Angleterre convoite le marché du Sud, et cherche un prétexte pour violer le
blocus, reconnaître la nouvelle confédération et s'emparer du commerce de la grande vallée du Mississipi,
les Américains du Nord, qui n'ont peut-être pas grand
espoir de ramener les gens du Sud à l'Union, seraient
ravis de chercher fortune ailleurs et d'annexer le
New-Brunswick et le Canada. Dans cet échange, ils
perdent le Mississipi, ils gagnent le Saint-Laurent et
l'immense contrée des grands lacs. Québec et Mont-

réal les consoleront de la perte de la Nouvelle-
Orléans.

Ce rêve ne date pas d'hier. Deux fois déjà,
dans la guerre de l'Indépendance et dans celle de
1812, les Américains ont voulu conquérir le Canada ; mais les Canadiens Français eux-mêmes,
quoique fort ennemis des Anglais, ont toujours re-
poussé les troupes fédérales. L'antipathie des races
et des religions l'emportait sur la haine du maître
étranger. Le Celte a peu de goût pour l'Anglo-
Saxon et l'Anglo-Saxon pour le Celte. Si le Haut-
Canada, qui est peuplé d'Anglais et d'Irlandais,
sympathise avec les Etats-Unis, le Bas-Canada, qui
est catholique, Français et qui se gouverne par ses
propres lois, rejettera bien loin l'annexion qui ne
lui donnerait pas une liberté de plus, et gênerait
seulement son commerce par des lois de douanes.
Or, le Bas-Canada communique directement avec
la mer, et les flottes anglaises, pendant sept mois de
l'année, peuvent amener des renforts aux Canadiens. Le reste de l'année, la navigation du fleuve
Saint-Laurent est arrêtée par les glaces.

Est-ce vraiment un accident que cette guerre qui
va éclater entre le peuple anglais et le peuple américain ? A coup sûr, personne ne le croira. John est
trop prudent et entend trop bien ses intérêts pour
se laisser entraîner par un mouvement d'humeur.
Un politique comme Palmerston, qui a blanchi sous

le harnais, n'est pas à la merci d'un texte de loi, bien ou mal interprété par les avocats de la couronne, et ces avocats eux-mêmes, si renommés pour leur science, ne sont pas gens à contrarier celui qui les consulte. Il est clair que John veut avoir du coton et qu'il en aura, et qu'il en aurait eu dans tous les cas, soit qu'on eût ou non saisi Mason et Slidell sur *le Trent*, et que si ce prétexte avait manqué l'on en aurait trouvé un autre, et que les avocats de la couronne auraient découvert des textes, et que les fabricants de cotonnades auraient applaudi, et avec eux trois ou quatre millions d'Anglais qui vivent du coton ; il est clair qu'on veut séparer du Nord le Sud des États-Unis, et que tous les moyens sont bons pour couper par le milieu cette formidable république qui menaçait partout l'Angleterre. De son côté, Lincoln espère, ayant aujourd'hui une armée de cinq cent mille hommes et un budget prodigieux qu'il ne retrouvera jamais, faire la conquête du Canada, et peut-être, — car les gens qui se croient clairvoyants vont jusque-là, — se réconcilier avec le Sud. Dans ce cas, l'Angleterre seule aurait payé les frais de la guerre civile.

A dire vrai, la guerre qui se prépare, — car on ne peut plus douter qu'elle est proche si l'on considère l'orgueil furieux et également compromis des deux peuples, — sera la plus terrible qu'on ait vue sur mer. Jamais deux marines plus puissantes ne se

seront choquées et abordées front à front, vergue à
vergue, vaisseau à vaisseau, homme à homme; car
si la marine fédérale est très-inférieure en nombre à
sa rivale, elle est au moins son égale sur tous les
autres points, et l'infériorité même du nombre dis-
paraîtrait en peu de temps. Pendant que les grandes
escadres anglaises bloqueront les ports américains
et balaieront l'Océan, les légers vaisseaux américains, armés en course, feront une guerre d'exter-
mination au commerce anglais.

Par un hasard singulier, et qui peut-être n'est pas
la moindre cause de cette étrange guerre, les deux
peuples sont également prêts à combattre. Tous
deux ont fait des préparatifs immenses; l'un pour
la guerre civile, et l'autre pour la guerre étran-
gère.

Depuis la campagne de Crimée, John s'est mis
sous les armes et a fait constamment l'exercice. Le
lourd bourgeois anglais s'est fait *rifleman*, il manie
la carabine rayée, il s'exerce au tir, il manœuvre le
canon Armstrong, il essaie le canon Witworth, il
forge des sabres et des baïonnettes, il entoure ses
vaisseaux d'une armure de fer, il fortifie ses côtes,
il convoque sa milice, il double son armée, il fabrique des amas énormes de poudre et de boulets. On
l'entend souffler dans sa forge et frapper du marteau
sur l'enclume. De temps en temps il monte sur sa
tour pour chercher des yeux l'armée d'invasion qui

doit venir de France comme celle de Guillaume le Conquérant.

C'est au milieu de ces préparatifs que l'affaire du *Trent* l'a surpris. Il s'attendait à massacrer des Français ; il va courir sus aux Américains. Bon John ! C'est en vain que Bright, le quaker, le tire par le pan de son habit et veut le retenir. John n'écoute plus rien. Le sang lui monte à la tête, et il veut égorger Jonathan. Il a une flotte à Gibraltar, une flotte à Malte, une flotte dans la Manche pour surveiller Cherbourg, une quatrième sur les côtes des États-Unis, une autre encore prend la route du Mexique ; il a des stations navales dans la mer des Indes, à l'île Maurice, sur les côtes de Chine et en Australie ; trente vaisseaux sont dans ses ports, prêts à prendre la mer. Dès le commencement de la guerre d'Amérique, il a, par précaution, envoyé dix mille hommes au Canada. Douze mille vont prendre le même chemin ; car sitôt qu'il vit Jonathan tirer son sabre il se douta bien qu'on lui chercherait querelle.

De son côté, Jonathan n'a pas les bras croisés. Des cinq cent mille hommes qui font face sur l'Ohio, le Potomac et le Missouri, aux gens du Sud, cent mille pourraient fort aisément, faisant un tour à gauche, prendre le chemin de Montréal, qui est à peu près sans défense, et s'emparer en quinze jours de tout le Canada, sauf la citadelle de Québec, que sa position sur un rocher et la protection des flottes anglaises rendent à peu près imprenable. Une attaque de ce genre, quoique prévue par les Anglais, réussira infailliblement si les Canadiens restent neutres entre l'Angleterre et les États-Unis.

Mais cette neutralité est-elle possible? Un peuple dont le pays devient champ de bataille entre deux armées, peut-il ne pas prendre parti pour l'une ou pour l'autre? Et si, comme on n'en doute pas, les Canadiens prennent les armes, seront-ils les alliés, soit de l'Angleterre, soit des États-Unis? Il est permis d'en douter. Depuis 1837, où une insurrection partielle et mal dirigée fut bientôt réprimée, les Canadiens de race française ont fait la paix avec le gouverneur anglais : ce gouverneur gouverne si peu! C'est un vrai roi constitutionnel, qui convoque les Chambres, propose le budget, nomme les ministres et quelques hauts fonctionnaires, et laisse la bride sur le cou de ses administrés. Les Anglais du Haut-Canada vont au prêche : « Allez, mes amis, et que « rien ne vous gêne ; chantez vos psaumes d'une voix « sourde et nasillarde, cela m'est fort égal. » Les Français du Bas-Canada sont des catholiques fervents. Eh bien! qu'ils fassent des processions, et qu'ils suivent dans les rues de Québec la très-sainte bannière de l'Immaculée Conception. Ce n'est pas de quoi inquiéter le gouvernement de la reine. Le Canada est la patrie adoptive des jésuites. Ils en ont fait un autre Paraguay.

Un maître si peu gênant, et d'ailleurs si éloigné, ne peut pas déplaire beaucoup aux Canadiens. D'un autre côté, les liens ne sont pas fort serrés entre la métropole et sa colonie. Qu'y a-t-il de commun entre les habitants de Londres et ceux de Québec? tout entre eux diffère : le climat, la langue, les aliments, les habitudes. Les Canadiens français, descendants des colons bretons et normands, ont gardé les usages et jusqu'aux traditions de la France et de l'ancien régime. Le clergé catholique, toujours soigneux de ses ouailles, a craint pour elles la contagion des idées révolutionnaires, et intercepté toute communication morale entre le Canada et l'Europe. Il craignait bien plus la France révolutionnaire que l'Angleterre hérétique. Maître absolu, comme il l'est dans le Bas-Canada, par la permission du gouvernement anglais, voudra-t-il faire alliance avec les hérétiques de Boston et de Philadelphie ?

Ce n'est guère probable; car *un bon tiens vaut mieux que deux tu l'auras*, et les jésuites n'ont rien à espérer d'un changement de maître. Mais ils peuvent se rendre indépendants, et si la guerre se prolonge entre les Anglais et les Américains, ce sera probablement le résultat le plus clair du sang versé par les deux peuples. A côté de Jonathan s'élèvera une nation nouvelle, d'origine différente, sortie des entrailles de la France, et qui sera notre alliée naturelle sur le con- t nent américain.

Cette nation, heureuse entre toutes, maîtresse comme les États-Unis d'un territoire immense, et du fleuve Saint-Laurent dans lequel se versent cinq grands lacs et vingt rivières navigables, riche des produits de son sol et n'ayant ni esclaves à affranchir ni ennemis à vaincre, sea peut-être la plus heureuse de toutes les nations libres.

C'est à nous de lui donner la main les premiers ; non qu'il soit nécessaire de l'exciter à la révolte contre les Anglais ou de faire la guerre pour la délivrance du Canada ; mais si le Canada se détache naturellement et sans secousse de l'Angleterre, il doit trouver dans la France et dans son gouvernement la sympathie la plus vive. Il ne s'agit pas pour nous de reconquérir une colonie perdue, mais de rouvrir à nos émigrants une patrie nouvelle, sœur de l'ancienne.

Cette tâche est moins difficile qu'on ne croit. Beaucoup de gens à Londres et à Manchester commencent à faire des réflexions sur le profit qu'on tire des colonies. De gros bourgeois, pleins de bon sens, comme Bright le quaker et Cobden l'ami de la paix, assurent que l'Angleterre s'est ruinée à conquérir des colonies dans les deux hémisphères, et qu'elle s'épuise aujourd'hui à conserver ses conquêtes ; ils se plaignent qu'on emploie à garder Aden, Gibraltar, Malte, Corfou, l'Inde, Québec et Singapore, une armée de héros fainéants qui seraient bien mieux à leur place s'ils labouraient la terre où tissaient le coton ; ils disent que cinq cents familles nobles qui grouillent et pullulent comme les rats, embarrassées de placer leurs enfants et de les faire vivre, obligent le peuple Anglais à occuper des forteresses qui ne lui servent à rien et lui font des ennemis ; que les garnisons sont faites pour les colonels et non les colonels pour les garnisons, que si l'Angleterre, qui traîne à sa remorque tant d'îles et de colonies, coupait tout à coup le câble, les colonies s'en trouveraient mieux et l'Angleterre aussi, et que l'économie serait grande pour le bon peuple anglais.

Voilà le raisonnement des sages de Manchester. Ce n'est pas à ceux-là, comme vous pensez bien, qu'il faut demander de l'argent pour garder le Canada malgré lui ou pour démolir la grande Confédération des États-Unis, œuvre de Washington et de Franklin. Ces honnêtes bourgeois, qui sont, je le crains, un peu infectés des doctrines républicaines, bien loin de vouloir toucher aux États-, jetteraient volontiers par dessus bord la reine Victoria, ses ministres, son aristocratie, ses lords, ses évêques, ses hauts fonctionnaires et tout cet amas de gens dont la nourriture et l'entretien coûtent si cher. Et si le Canada se faisait république et se proclamait indépendant, j'imagine qu'ils le laisseraient aller bien volontiers, après avoir conclu un bon traité de commerce et de paix éternelle ; car ils ont une passion pour les traités de commerce et pour la paix.

Et si l'on venait leur proposer l'alliance du Sud et des propriétaires d'esclaves, ces braves gens, qui aiment aussi la justice et la vérité, rejetteraient bien loin cette alliance abominable avec les fouetteurs de nègres ; et si on leur proposait de fonder une monarchie dans le Sud et de mettre sur le trône l'un des fils de la reine Victoria , Bright le quaker s'écrierait qu'il est fort honoré de la proposition, mais qu'une monarchie de plus en Amérique ne diminuerait en rien les impôts du peuple anglais, qu'elle pourrait au contraire les augmenter, qu'il faudrait soutenir le nouveau roi, dépenser de l'argent, faire la guerre peut-être aux Américains du Nord, exciter la défiance de l'Europe et se lancer dans les aventures périlleuses.

A dire vrai, l'Anglais John a parlé trop vite ces jours derniers. Il lui en cuira. Perdre le Canada, ce n'est rien, pourvu qu'il garde ses débouchés commerciaux ; mais se ruiner est chose grave, et la guerre le ruinera à coup sûr. On lui a tant parlé de son immense marine, de ses vaisseaux blindés, de son *Warrior*, de son *Black-Prince*, de ses marins invincibles et de ses canons Armstrong, qu'il a voulu essayer l'effet de toutes ces belles choses. Il a saisi le premier prétexte fourni par Jonathan, et il a parlé ferme. Jonathan, de son côté, n'est pas homme à reculer. Ses affaires, depuis six mois, sont dans un tel état qu'elles ne peuvent guère aller plus mal. Le Sud est perdu ou peu s'en faut, et ce serait un coup de maître si Lincoln, ayant perdu le Sud, allait gagner le Canada. On rirait bien aux dépens de John.

Pour moi, je suis persuadé que le Canada ne sera pas conquis, mais qu'il se fera libre, et qu'il chassera également John et Jonathan. Et, à dire vrai, ce serait justice. Que resterait-il alors aux deux adversaires? Où pourraient-ils se prendre à la gorge? Sur l'Océan? Les deux marines de commerce seraient en peu de mois pillées et détruites par les corsaires des deux nations. Beau résultat!

Ce n'est rien encore. John, qui a dix fois plus de vaisseaux que Jonathan, et une superbe flotte de chaloupes canonnières, brûlera Boston, New-York, Philadelphie et Washington avec ses canons à longue portée. Quant à faire une descente et occuper le pays, il n'y faut pas songer. La milice seule jetterait les Anglais à la mer. Mais il faut remarquer que les Anglais sont créanciers des Américains, que l'incendie des villes de commerce produirait des banqueroutes énormes en Amérique et par suite en Angle-

terre. Pensez à cela, et voyez dès à présent les
bénéfices de la guerre, même pour le vainqueur.

Un autre résultat très-singulier, mais très-naturel
et qui fera fort enrager John et Jonathan, c'est que
la même guerre qui les ruine, sera pour notre commerce et notre marine marchande une source de
prospérité. Le commerce, obligé de se réfugier chez
les peuples neutres, se réfugiera naturellement sous
la protection de la marine française, seule capable
de faire respecter son pavillon par les deux parties.
Source intarissable de déboires pour le pauvre John,
qui viendra chercher le coton et le sucre au Havre,
à Nantes et à Bordeaux. C'est alors qu'il maudira
son orgueil et donnera de bon cœur au diable, Palmerston et les politiques qui lui ont fait faire la sottise de chercher querelle à Jonathan !

Tu sais, bon peuple de France, pour l'avoir appris
à tes dépens sous le grand Napoléon, ce que coûte
la guerre continentale ; mais tu n'as pas encore
d'idée de la guerre maritime, ou tu l'as oublié. C'est
là que les millions vont couler comme de l'eau ; c'est
là que les milliards vont s'engloutir au fond de
l'Océan. Il n'est pas de grand vaisseau de guerre
qui ne coûte, armé et équipé, cinq ou six millions.
Or, un seul coup de canon peut couler à fond une
de ces coûteuses machines ; et John a dépensé plus
de deux milliards pour les construire ou les entre-
tenir. Que dis-je, deux milliards ? C'est trois, quatre,

cinq, six, dix milliards peut-être, depuis quarante-
cinq ans ; car le pauvre John ne sait même plus
l'emploi de son argent. Tout au plus connaît-il le
chiffre de sa dette et de la rente qu'on lui arrache
chaque année.

C'est la première fois que John aura fait la guerre
sans savoir pourquoi, et sans aucune chance de rien
gagner, sauf des horions. Espérons, comme voisins et
amis, que ce sera aussi la dernière. Nous prenons
part à son malheur; mais Jonathan est notre ami au
même titre que John, et même, s'il fallait absolument se prononcer entre eux, je me prononcerais
pour Jonathan, qui est rude, grossier, sans scru-
pules, mais aussi sans hypocrisie, et qui combat,
soit qu'il l'ait voulu ou non dans les premiers jours,
pour la liberté des nègres. Je fais aussi des vœux
pour John, comme tout bon chrétien doit faire, mais
s'il est rossé, j'en prendrai mon parti sans peine,
parce qu'il aura bien cherché et mérité son sort.
Quant à s'interposer entre eux, bon peuple de
France, et vouloir les empêcher de se battre, je te
supplie et te conjure de n'en rien faire, non que ce
ne soit une œuvre louable de remettre la paix entre
deux frères qui s'égorgent ; mais c'est toujours une
entreprise délicate, et tu serais peu à peu entraîné à
prendre parti pour l'un ou pour l'autre, ce qui est
contre le droit, la justice, le bon sens, et aussi, per-
mets-moi de te le dire, contre tes intérêts.

Tu es juge du camp, rien de plus. Tu dois te taire, ou parler en maître. Il te reste d'ailleurs assez de choses à faire chez toi, Réduis ton budget et ton armée, laisse en repos Paris à moitié démoli, envoie tes enfants à l'école primaire, laboure ton champ, draine, ensemence, fauche, moissonne, fais des économies, vis en paix avec tout le monde, et sois certain que personne ne pense à te chercher querelle.

Et maintenant, canonniers de la vieille Angleterre et de la jeune Amérique, puisque vous le voulez absolument, franc jeu et à vos pièces !

FIN.